A vida é um *Doce*

Quem resiste a um doce de festa? De inúmeros sabores, eles são verdadeiros "pecados" para qualquer convidado. E se tiverem acabamento gourmet então, saltam ainda mais aos olhos. Sim, é difícil eleger apenas uma opção. Pensando nisso, nesta edição, selecionamos doces de diferentes sabores e estilos para você apreciar. Se estiver pensando em uma festa importante – como casamento e aniversário de 15 anos –, as sugestões a seguir são verdadeiras fontes de inspiração. Além do tipo de doce, você pode avaliar como foram embalados e quais materiais podem ser destaques. Sim, porque a maneira como o doce é apresentado é muito importante.

No término deste guia, confira receitas que sempre são um sucesso em qual comemoração, como cupcake, macarron e até a novidade do brigadeiro de churros.

Não perca mais tempo e deixe as datas importantes de sua vida ainda mais doces.

Um beijo,

Aline Ribeiro

redacao@editoraonline.com.br

sumário

08 Românticos
De cores rosa, vermelha e marsala, confira opções de bem-casados, pães de mel, brownies, macarons, cake pops e bombons

36 Suavidade
Aposte nas tonalidades de azul e garanta um toque fresh para sua comemoração. Nesta paleta de cores, você confere os doces mais irresistíveis

46 Candy Colors
Deseja uma festa repleta de inocência e pureza? Então, invista em tons pastel para doces e demais itens da comemoração

66 Tradicionais
Independentemente das tonalidades, conheça os tipos de doce que são presença obrigatória em qualquer festividade

86 Receitas

Confira sabores de dar água na boca. São eles:

86 Copinhos de chocolate com rosas de coco

89 Cupcake de nozes

90 Macarons

93 Cupcake de chocolate

94 Cachepô de mousse que derrete

94 Brigadeiro de churros

96 Brigadeiro gourmet meio amargo com formato de rosa

97 Receita de massa básica branca

97 Brigadeiro de bicho-de-pé

97 Brigadeiro de champanhe

97 Brigadeiro branco

CIP-BRASIL. CATALOGAÇÃO NA PUBLICAÇÃO
SINDICATO NACIONAL DOS EDITORES DE LIVROS, RJ

G971

Guia doces gourmet / Aline Ribeiro.
- 1. ed. - São Paulo : OnLine, 2015.

ISBN 978-85-432-0424-6

1. Bolos. 2. Doces. 3. Culinária. I. Ribeiro, Aline.

15-27205 CDD: 641.8653
CDU: 641.85:664.683

13/10/2015 13/10/2015

On line EDITORA

PRESIDENTE Paulo Roberto Houch
VICE-PRESIDENTE EDITORIAL Andrea Calmon
redacao@editoraonline.com.br

REDAÇÃO
Jornalista Responsável Andrea Calmon – MTB 47714
Editora Aline Ribeiro
Redatora Evelyn Moreto
Estagiária Priscila Moraes

ARTE
Coordenador: Renato Marcel diagramacao@editoraonline.com.br

ESTÚDIO FOTOGRÁFICO
Fotógrafa Fernanda Venâncio
Coordenadora Elaine Simoni elainesimoni@editoraonline.com.br

COLABORARAM NESTA EDIÇÃO
Foto Manoel Carvalho e Mônica Antunes
Projeto Gráfico e diagramação Angela C. Houck
Tratamento de imagem Bárbara Martins

PUBLICIDADE
Gerente Comercial: Elaine Houch
Supervisor Direto: Bernard Correa
Agências: Elaine Houch (agencia@editoraonline.com.br)
Executivos de Contas: Antonio Demésio, Luciana Lemes e Camila Vinhas
Assistente de Publicidade: Joelma Lima
Representante: Brasília: (61) 3034-3704/ 3034-3038/ Espírito Santo: (27) 3229-1986/ Interior de SP – Exceto região de Campinas: (16) 3620-2702/ Rio de Janeiro (21) 8884-8081/ Rio Grande do Sul: (51) 3374-5672

MARKETING
Supervisor de Marketing Vinícius Fernandes
Assistente de Marketing Jose Antônio

CANAIS ALTERNATIVOS
Departamento de Vendas Luiz Carlos Sarra (11) 3687-0099 vendaatacado@editoraonline.com.br
Logística e Armazenagem Luiz Carlos Sarra luizcarlos@editoraonline.com.br

ADMINISTRAÇÃO
Diretora Administrativa Jacy Regina Dalle Lucca financeiro@editoraonline.com.br
suprimentos@editoraonline.com.br

CRÉDITO E COBRANÇA
cobranca@editoraonline.com.br

Impressão Log&Print Gráfica de Logística S.A.
Distribuição no Brasil Dinap
Assine e receba em casa com toda a comodidade. Ligue agora para tel.: (11) 3512-9477

Guia de Doces Gourmet é uma publicação do IBC Instituto Brasileiro de Cultura Ltda. – Cx. Postal 61085 – CEP 05001-970 – São Paulo – SP – Tel.: (0**11) 3393-7777.

Doce paixão

Apostar nos tons de rosa, vermelho e marsala traduz o afeto e o romantismo da ocasião. Mesclados a tons de bege e marrom, ainda ganham mais sofisticação. Inspire-se nos doces a seguir e contemple os resultados

1. Pão de mel decorado com flor de pasta americana. Dona Formiga. 2. Bem-casado embalado com papel de cor vermelha e laço. Dona Formiga. 3. Bem-casado embalado com tecido de cores branca e vermelha, laço e pérola. Célia Bem Casados. 4. Brownie de colher: brownie, brigadeiro belga e nib de cacau (acompanha a colher). O Brownie. 5. Bem-casado com rótulo personalizado. Giulianna Pimenta. 6. Brownie com nozes. O Brownie. 7. Bem-casado embalado com tecido listrado e detalhe de flor de renda com pérola. Donna Lusipa.

Fotos Fernanda Venâncio

1. Bolo Red Velvet em camadas. Dona Formiga. 2. Macarons com formato de coração. Dona Formiga. 3. Bem-casado com embalagem branca, laço chanel vermelho e pérola. Célia Bem Casados. 4. Bem-casado embalado com papel floral e fita de bolinhas. Donna Lusipa. 5. Bombom coberto com chocolate branco, decorado com chocolate ao leite e confeitos dourados. Dona Formiga. 6. Brownie com caramelo cremoso e biscoito artesanal. O Brownie. 7. Xícara de chocolate branco recheada e coberta com confeitos. Dona Formiga. 8. Doce de pistache. Giulianna Pimenta. 9. Bombom de chocolate branco e confeito com formato de rosa. Dona Formiga. 10. Bem-casado com embalagem branca, laço feito com fitinhas de cor marsala e medalhinha. Célia Bem Casados. 11. Bem-casado embalado com papel listrado e cinta de flores de cor marsala. Donna Lusipa.

1
2
3
4
5
6
7
8
9
10
11

1
2
3
4
6
7
8

Cake pop. Dolce Di Giorgio.

Fotos Fernanda Venâncio

1. Cupcake decorado com corações de pasta americana. Doce Maria. 2. Cupcake decorado com laço rosa. Giovanna Melilli. 3. Cupcake de renda de pasta americana e pérolas de chocolate belga. Doce Maria. 4. Cupcake com creme e pérola no sabor de chocolate belga. Doce Maria. 5. Cupcake decorado com passarinhos e corações de pasta americana. Doce Maria, 6. Cupcake decorado com rosa. Giovanna Melilli. 7. Bem-casado de chocolate embalado com papel celofane e fita-laço de cores rosa e marrom. Célia Bem Casados. 8. Brigadeiro de chocolate belga com pérolas de chocolate belga. Doce Maria.

1. Minibombons de nozes cobertos com chocolate meio amargo e decorados com coração rosa de pasta americana. Doce Maria. 2. Biscoitos decorados com pasta americana rosa. Bia Canato.

Fotos Fernanda Venâncio

Bem-casados envolvidos em embalagem cetim na cor rosa com rosas na cor marrom. Donna Lusipa.

1

2

1. Trança de marzipã. Fifi Doces.
2. Flor de marzipã. Fifi Doces.

Fotos Fernanda Venâncio

1. Minibrownies noir com nozes e cobertura cremosa de chocolate belga e rosas cristalizadas. O Brownie. 2. Bem-casado embalado com tecido rosa, fita de cetim e camélia de cetim marrom. Célia Bem Casados.

1. Trufa de chocolate belga coberta com chocolate meio amargo e decorada com pasta americana com formato de toalhinha rosa e coração branco. Doce Maria. 2. Corações de brownie cobertos com chocolate e com recheios diversos. Dedo de Moça. 3. Trufa de chocolate belga coberta com chocolate meio amargo e decorada com pasta americana com formato de coração rosa. Doce Maria. 4. Bombom com formato de cubo, sabor chocolate com avelã decorado com dois corações. Dona Formiga. 5 Bombom decorado com rosas de nozes. Delart Doces. 6. Brigadeiro de chocolate belga com split. Dona Formiga. 7. Microbolo de chocolate decorado com flores rosa. Delart Doces. 8. Trufa de chocolate belga com formato de coração, cobertura de chocolate meio amargo e decoração de pasta americana. Doce Maria. 9. Caçarola de louça branca, recheada de brownie com frutas do bosque, ganache belga noir e chocolate ao leite. O Brownie.

Fotos Fernanda Venâncio

1. Pedaço de brownie com frutas do bosque e nozes envolvidos. 2. Mininaked cake de cacau com buttercream rosa (200g). 3. Minibolo de brigadeiro (200 g). Todos da Dedo de Moça.

1
2
3

1
2
3
4
5
6
7
8

Minirocamboles embalados em forminha rendade de papel e fitas de cetim. Studio Cake.

Fotos Carla Paraizo e Mônica Antunes

1. Xícara de doce de leite. Studio Cake. 2. Macaron, Mélie Douces. 3. Brigadeiro com rolinhos de cor rosa. Sweet Carolina.4. Bem-casado. Célia Bem Casados. 5. Bombom de chocolate com rosinhas. Nininha Sigrist. 6. Sushi de chocolate azul com estampa floral rosa e confeitos de bolinhas. Mélie Douces. 7. Coração dourado. Chianti Chocommelier. 8. Minibolo com confeitos e flores rosa e azuis. Studio Cake.

1. Camafeus decorados com rosa. Fabíola & Liana. 2. Camafeus de nozes. Fabíola & Liana. 3. Bombom de chocolate decorado com guirlanda pink. Sweet Carolina. 4. Caixinha de chocolate com crocante. Fabíola & Liana. 5. Macarons. Brigadeiros By Cousin's. 6. Bem-casados. Geisa Doces.

Foto Fernanda Venâncio

1
2
3
4
5
6
7

Cupcakes decorados e minidoces de bichos de pé. Nina Veloso.

Fotos Adriana Barbosa e Mônica Antunes

1. Bem-casado revestido de papel crepom com fita rosa. Fabiola e Liana. 2. Bem-casado embalado em tecido de cambraia e tule de poá branco com laço de cetim e pequena camélia. Conceição Bem-casados. 3. Cupcake de massa de baunilha com recheio de avelã decorado com rosas. Cupcake & Co. 4. Cupcake de massa de baunilha com recheio de avelã decorado com flores simples. Cupcake & Co. 5. Macarons. Lamponi. 6. Bem-casado embalado em papel italiano com laço de gorgorão e buquê de hortênsia. Conceição Bem-Casados. 7. Bem-casado revestido com papel crepom de poás e fita de cetim. Nina Veloso.

1. Cake pops decorados. Fabíola & Liana.

Fotos Mônica Antunes e Fernanda Venâncio

1. Bolacha com pasta americana. Studio Camila Golin. 2. De chocolate branco e pasta americana. Sweet Carolina. 3. Bolacha com pasta americana. Studio Camila Golin. 4 e 5. De chocolate branco. Vila Chocolat. 6. Biscoito com pasta americana. Taís Fernandes. 7. Biscoito com pasta americana. Taís Fernandes. 8. Biscoito com pasta americana. Taís Fernandes.

1
2
3
4
5
6
7
Love
8

1
2
5
3
4
6
10
7
9
8
15
11
12
14
13

1. De frutas vermelhas. 2. De chocolate.
3. De champagne. Todos da Nina Veloso.

Fotos Mônica Antunes e Adriana Barbosa

1. De brigadeiro. Nika Linden. 2. Com glacê e pasta americana. Nika Linden. 3. Com glacê. Fernanda Gabriel Cake Designer. 4. De pasta americana. Luciana Tabet Cake Design & Cholatier. 5. De chocolate. Nika Linden. 6. Com glacê. Wondercakes. 7. Com glacê e pasta americana. Sweet Carolina. 8. Com glacê e crispies. Fernanda Gabriel Cake Designer. 9. De pasta americana. Wondercakes. 10. De frutas vermelhas e amora. Cupcake & Co. 11. De brigadeiro e crispies. S.O.S. Cupcakes. 12. De pasta americana. Fernanda Gabriel Cake Designer. 13. De pasta americana. Luciana Tabet Cake Design & Chocolatier. 14. De pasta americana. Wondercakes. 15. De frutas vermelhas e amora. Cupcake & Co.

Brigadeiro branco. Luciana Tabet Cake Design e Chocolatier.

Fotos Mônica Antunes e Adriana Barbosa

1. Cupcake com noivo de pasta americana. Doces da Clô By Edna Araújo. 2. Cupcake com noiva de pasta americana. Doces da Clô By Edna Araújo. 3. Cupcake coberto com pasta de chocolate e desenho de rosa em relevo de pasta americana. Drica Cake. 4. Cupcake médio de chocolate com frosting e decoração de flores de pasta americana. Sucrier. 5. Cupcake coberto com pasta de chocolate e desenho de coração em relevo em pasta americana. Drica Cake.6. Cupcake de brigadeiro com granulado de chocolate. Wonder Cake. 7. Cupcake de brigadeiro de morango com raspas de chocolate belga de morango. Wonder Cake. 8. Cupcake com miniflores rosas de pasta de açúcar com miolo de pérola e relevo de flores de pasta de chocolate. Love Cupcakes. 9. Cupcake com laço channel rosa de pasta de açúcar e relevo de arabescos de pasta de chocolate. Love Cupcakes.

1
2
3
4
5
6
7
8
9

1
2
3
4
5
6
7
8
9
10
11
12
13

1. Caixa revestida de tecido com oito docinhos e oito bem-casados. Marieta Cardoso. 2. Caixa forrada e revestida em tecido com seis bem-casados e um espumante. Lily Gift. 3. Minibolo pão de mel decorado. Peppermint Place. 4. Baldinho com amêndoas glaçadas. Cirandaria. 5. Coração de gianduia decorado com transfer. Vila Chocolat. 6. Caixinha de acetato com três macarons. Nina Veloso.

Fotos Mônica Antunes e Adriana Barbosa

1. Brownie com pasta americana. Ava Dolci, preço sob consulta. 2. Pão de mel com pasta americana. Le Délice. 3. De nozes com pasta americana. Le Délice.4. De brigadeiro com avelãs. Ava Dolci. 5. Bem-casado com açúcar confeiteiro. Serendipia Bakery. 6. De castanha-do-pará. Kykah. 7. De nozes com chocolate. Mélie Artisan de Douces. 8. De marzipan. Fifi Doces. 9. De nutella e ovolmatine. Luciana Tabet Cake Design & Chocolatier. 10. De chocolate. Nika Linden. 11. De chocolate. Ava Dolci.12. De chocolate. Nika Linden, R$ 2,40. 13. De brigadeiro. Taís Fernandes.

Doces sortidos de brigadeiro, brigadeiro branco e bicho de pé. Nina Veloso.

Fotos Mônica Antunes e Adriana Barbosa

1. Doce Charllote Rose: mousse de framboesa com rosas e farofinha de biscoito maisena. Le Jardin Secret. 2. Caixinha com 4 trufas de framboesa coberto com raspas de chocolate. Vila Chocolat. 3. Sanduíche de bolachas. Sucrier. 4. Carré de cereja amarena com glitter. Vila Chocolat. 5. Bem-casado com cinta perolada e estampada e fita com glitter. Doces da Clô. 6. Bombom com transfer. Vila Chocolat. 7. Copinho de chocolate premium recheado com ganache de hibisco. Serendipia. 8. Olho de sogra estilizado. Louzieh. 9. Bem-casado sem glúten embrulhado com papel de poá e fita com coração de strass. Serendipia. 10. Brigadeiro de matelassê. Louzieh. 11. Bem-casado embrulhado com papel francês estampado e laço channel em fita. Célia Bem-casados.

1
2
3
4
5
6
7
8
9
10
11

1
2
3
4
5
6
7
8
9

Doces sortidos de brigadeiro, brigadeiro branco e bicho de pé.
Luciana Tabet Cake Design e Chocolatier.

Fotos Mônica Antunes e Adriana Barbosa

1. Minibolo de limão siciliano. Fernanda Gabriel. 2. Caixinha de chocolate com creme de gianduia. Fernanda Gabriel. 3. Brigadeiro com crispies rosa. Brigaderia. 4. Tartellete de maçã caramelada e canela decorado com corações. Fernanda Gabriel. 5. Doce de hóstia com recheio de frutas vemelhas. Nina Veloso.
6. Cestinha com flores rosa. Fernanda Gabriel. 7. Doce em formato de coração de gianduia belga. Peppermint Place. 8. Cestinha com flores rosa. Fernanda Gabriel. 9. Brownie com chocolate branco. Adocica.

Puro frescor

Tonalidades de azul transmitem um toque fresh para sua comemoração, ainda mais se esta for realizada ao ar livre ou em um ambiente praiano

Bem-casado com celofane, lacinho de couro e conchinha. Fina Nata.

Fotos Mônica Antunes

1. Bem-casados. Emília Bem Casados. 2. Cupcake com cobertura verde-água e florzinhas cor-de-rosa. Sweet Carolina. 3. Cupcake verde com flor azul. Peppermint Place. 4. Cupcake de chocolate recheado com doce de leite, coberto com buttercream colorido. Doce Maria.5. Caixinha fina de chocolate branco com formato de cilindro e ganache de maçã verde. Giuliana Pimenta. 6. Beijinho com bolinhas douradas e flor rosa. Sweet Carolina. 7. Vasinho de chocolate com flor rosa. Peppermint Place. 8. Brigadeiro de pistache. Doce Maria. 9.Cestinha de chocolate com flor rosa e raspas de limão. Peppermint Place.10. Caixinha de chocolate branco com flor de coco. Sweet Carolina.11. Brigadeiro branco chic. Giuliana Pimenta.12. Brigadeiro branco com cravo, canela e gengibre. Giuliana Pimenta. 13. Vasinho de chocolate branco com folhinha verde. Studio Cake.14. Brigadeiro de chocolate ao leite belga. Doce Maria.

1
2
3
4
5
6
7
8
9
10
11
12
13
14

2
3
4
5
6
7
8

Bem-casados na concha embalados com papel azul, renda e cordão verdes e pérola ou fita azul. Donna Lusipa.

Fotos Rodrigo Estrella e Mônica Antunes

1. Em tecido de poás com laço de cetim. Kykah Doces. 2. Envolto em tecido cambraia com laço de gorgorão e minirrosas. Conceição Bem Casados. 3. Embalado em papel crepom com laço de cetim. Oficina do Açúcar. 4. Em papel crepom com fita larga de cetim. Alessandra Tonisi. 5. Envolto em papel crepom com laço de cetim e flor de plástico. Ita Bem Casados. 6. Embalados em tecido com laço de cetim. Ana Abelha. 7. Em papel crepom italiano com camélia. Conceição Bem Casados. 8. Envolto em papel crepom com laço de cetim e pedra de acrílico. Sucré et Salé.

Macarons de gianduia. Nina Veloso.

Fotos Fernanda Venâncio e Rodrigo Estrella

1. Macarrons de doce de leite e algodão-doce. Opera Ganache. 2. Cupcakes com massa red velvet e cobertura de glacê e ganache. Sweet Carolina. 3. Cupcake de chocolate com ganache. Love Cupcakes. 4. Cupcake de chocolate decorado com flor. Homemade Cakes. 5. Cestinha de chocolate com florzinhas e fita de cetim. Kykah Doces. 6. Trouxinha folheada de coco. Ana Abelha. 7. Camafeu de nozes perolado. Opera Ganache. 8. Doce com lascas de coco. Homemade Cakes. 9. Brigadeiro trufado. Ana Abelha. 10. Minibolinhos de chocolate com ganache e folhas douradas. Kapcakes.

1
2
3
4
2
7
6
8
9
10

1
2
3
4
5
6
7
8
9
10
11
12
13
14
15
16

Mini bem-casados de doce de leite embalados com tecido e lacinhos verde e laranja. Giuliana Pimenta.

Fotos Mônica Antunes

1. Com glacê . S.O.S. Cupcakes. 2. Decorado. Serendipia Bakery. 3. De pasta americana. Sweet Carolina. 4. De pasta americana e glacê. Love Cupcakes. 5. De pasta americana e pérolas. Tais Fernandes. 6. Com glacê. S.O.S. Cupcakes. 7. Com glacê. Love Cupcakes. 8. Com glacê. Tais Fernandes. 9. De chocolate trufado. Nika Linden. 10. Com glacê. Tais Fernandes. 11. De suspiro. Ghee. 12. Com glacê de pasta americana. Che Peccato!. 13. De brigadeiro. Nika Linden. 14. Com glacê. Love Cupcakes. 15. De suspiro. Ghee. 16. Com glacê e pasta americana. Che Peccato!.

Tons que encantam

Cores suaves revelam a inocência de uma celebração. Nesse contexto, nada melhor do que apostar em doces com tons pastel, como azul-claro, amarelo-claro e rosa-bebê

1. Bem-casado embalado em saquinho de tecido e tule com fita de gorgorão. Célia Bem Casados. 2. Bem-casado embalado em papel francês com renda e fita de gorgorão. Célia Bem Casados. 3. Bem-casado embalado em papel francês com tule e fita de organza. Célia Bem Casados.4. Bem-casado embalado em tecido piquê com fita de organza e miniterço. Célia Bem Casados.

Fotos Fernanda Venâncio

1. Biscoitos com formato de coração decorados nas cores verde e coral. Bia Canato. 2. Macarons. Giuliana Pimenta. 3. Cake pop de chocolate com cobertura de chocolate branco decorado com flores de pasta americana nas cores verde e coral. Sweet Carolina. 4. Cupcakes de baunilha com cobertura de butter cream e flores de pasta americana nas cores verde e coral. Sweet Carolina. 5. Minidoces gourmets. Peppermint.

1
2
3
4
5

Cake pop de chocolate com cobertura de chocolate branco e rosas de pasta americana na cor coral. Sweet Carolina.

Fotos Fernanda Venâncio

Balas de coco nos sabores limão e bicho de pé. Danielle Andrade.

Pães de mel recheados com doce de leite e decorados com pasta americana. Ateliê Dona Formiga.

Fotos Fernanda Venâncio

1. Bombom recheado com ganache, decorado com coração de pasta americana. 2. Bombom de chocolate com brigadeiro de capim- -santo. 3. Bombom recheado com ganache, decorado com transfer. 4. Bombons recheados com ganache, decorados com pombinhos de pasta americana. 5. Bombom de chocolate meio amargo com recheio de creme de baunilha, decorado com pasta americana. 6. Bombom de pistache. 7. Bombom de chocolate branco com recheio de baunilha, decorado com coração de pasta americana. Doces Ateliê Dona Formiga.

1
2
3
4
5
6
7

1
2
3
4
5
6
7

1. Macarons médios verdes de pistache. Nina Veloso.2. Brigadeiro sabor pistache. Brigaderia. 3. Fondant de amêndoas com toque perolado. La Vie en Douce. 4. Bombom caixinha com flor. Peppermint Place. 5. Brownie com nozes. Adocica. 6. Bolacha decorada. Bia Canato. 7. Macarons de baunilha. Le Delice. 8. Trufa de limão. Fernanda Gabriel.

Fotos Rodrigo Novelli e Mônica Antunes

1. Cupcakes com glacê de cores rosa, amarela com coraçõezinhos de chocolate e azul com coração de noivinhos. Pistache Doces. 2. Cupcake de massa de baunilha com gotas de chocolate decorado com renda de pasta americana. Sweet Carolina. 3. Cupcake de pasta americana com pombinhos. Fabíola & Liana. 4. Cupcake de pasta americana rosa com florzinhas. Fabíola & Liana. 5. Macarons com brigadeiro gourmet de sabores variados. Brigadeiros by Cousins. 6. Cupcakes com glacê verde e amarelo, e florzinhas.Casinha Doce. 7. Minicupcakes com glacê. Dedo de Moça.

1. Cake pops de chocolate. Sweet Carolina. 2. Bolinho de chocolate branco. Pistache. 3. Flor de chocolate branco. Fifi Doces. 4. Vasinho de pistache recheado com mousse de chocolate. Fifi Doces. 5. Cone de chocolate branco. Fifi Doces. 6. Brigadeiro branco com confeitos coloridos. Casinha Doce. 7. Retângulo de pistache. Fifi Doces.

Foto Mônica Antunes

3
4
5
6
7

Foto Mônica Antunes

Brigadeiros
com cobertura
de chocolate
decorados
com florzinhas.
Sweet Carolina

JUST
MARRIED

1. De chocolate ao leite. Peppermint Place. 2. De chocolate branco. Peppermint Place. 3. Brownie no palito. Sweet Carolina. 4. Coração de chocolate com pasta americana rendada. Sweet Carolina. 5. Com raspinhas de chocolate branco e ao leite. Vila Chocolat. 6. De chocolate branco. Nika Linden.

Fotos Fernanda Venâncio e Mônica Antunes

De cima para baixo, da esquerda para a direita
1. Mini bolo decorado com pérolas comestíveis. Dolce di Giorgio. 2. Macarons de framboesa, chocolate e baunilha. i Dolci. 3. Biscoitos amanteigados com glacê real. Bia Canato. 4. Mini cupcake. Sweet Carolina. 5. Macarons de baunilha. Brigadeiros by Cousin's. 6. Bem-casados. Giuliana Pimenta. 7. Minicupcake. Sweet Carolina. 8. Copinho de chocolate branco com pérolas comestíveis. Nina Veloso. 9. Brigadeiros de chocolate belga ao leite com granulado branco. Doce Maria. 10. Bombons recheados com trufa. Ateliê Dona Formiga. 11. Copinho de chocolate branco com pérolas comestíveis. Nina Veloso. 12. Flor de marzipan. Fifi Doces.13. Cestinha de marzipan. Fifi Doces.

1
2
3
4
5

Pirulitos decorados. Drica Cake.

Fotos Carla Paraizo e Monica Antunes

1. Rendado de champagne. Delart Doces Finos. 2. Florzinha de damasco. Delart Doces Finos. 3. Bombonzinho de Damasco. Carol Melo. 4. Merengue de physalis. Delart Doces Finos. 5. Macarons de banana e baunilha. Le Délice.

Pop cake de chocolate. Drica Cake.

Fotos Carla Paraizo e Monica Antunes

1. Bombom de nozes. Le Délice. 2. Brigadeiro quindim. Delart Doces Finos. 3. Quindim. Atelier Fabíola e Liana. 4. Bolachinhas amanteigadas de baunilha. Sweet Carolina. 5. Cupcake. Atelier Fabíola e Liana. 6. Cupcake. Atelier Fabíola e Liana. 7. Bombom. Casinha Doce. 8. Cupcake de baunilha com frutas vermelhas. Casinha Doce. 9. Cupcake. Sweet Carolina.

4
5
1
6
2
3
7
9
8

Eternos e clássicos

Não importa a tonalidade dos doces, os sabores a seguir merecem estar presentes em qualquer festividade. Será difícil resistir a essas tentações. Assim, seja qual for seu estilo, atente-se aos tipos de doce

R A

Foto Fernanda Venâncio

Da esquerda para a direita:
1. Bombom de chocolate ao leite recheado com ganache de champagne. Bia Prado Doces. 2. Trufa de chocolate ao leite recheada com creme de cerejas amarenas. Bia Prado Doces. 3. Bombom rendado de gianduia. Peppermint Place.4. Bombons sortidos recheados. Vila Chocolat.

Macarons nos sabores chocolate e champagne. Opera Ganache

Fotos Mônica Antunes e Manoel Carvalho

De cima para baixo, da esquerda para a direita:
1. Cupcake com bolachinhas de chocolate. La Vie en Douce. 2. Cupcake de chocolate com ganache. Pistache Doces. 3. Trufa decorada com florzinha. Fabíola & Liana. 4. Copinho de chocolate com doce de leite e physalis. Pistache Doces. 5. Bombom coraçãozinho. Fifi Doces.6. Casadinho do Pará. Pistache Doces. 7. Cestinha de chocolate. Fifi Doces. 8. Cupcake com cobertura crocante. La Vie en Douce. 9. Cupcake de chocolate com coraçõezinhos de cor rosa. Pistache Doces.10. Bombonzinhos sortidos. Fifi Doces.11. Macarons com brigadeiro gourmet. Brigadeiros By Cousins.

RA

Brigadeiros nos sabores de chocolate suíço tradicional; suíço com champagne francesa; branco belga; com avelãs; com amêndoas; e com frutas vermelhas. Brigadeiros by Cousin's.

1
2
3
4
5
6

Docinho de bem-casado. Doces e Sonhos,

Fotos Fernanda Venâncio e Manoel Carvalho

1. Physalis trufada. Danielle Andrade. 2. Doce de chocolate com detalhes em bronze. Giuliana Cupin. 3. Copinho de chocolate com brigadeiro. Opera Ganache. 4. Caixinha de chocolate dois amores. Nika Linden. 5. Torre de chocolate. Giuliana Cupini. 6. Aliança em marzipan. Louzieh Doces Finos.

tradicionais

1. Em caixinha com estampa e laço. Oficina do Açúcar. 2. Em caixinha estilo noiva. Studio Camila Golin. 3. Em caixinha estilo noivo. Studio Camila Golin. 4. Com saquinho de shantung. La Spina. 5. Com tecido estampado e laço Chanel. Donna Lusipa Bem-casados.6. Em papel crepom com fita e flor douradas. Célia Bem-casados. 7. Em latinha decorada com fita. Dolce Encanto. 8. Em cambraia, com fita e flor. Conceição Bem-casados.

Fotos Mônica Antunes e Rodrigo Estrella

1. Com creme branco e laço. Nika Linder. 2.Com marshmallow e flor. S.O.S. Cupcakes. 3. De baunilha com glitter e flores. Luana Davidsohn. 4. Com glitter e noivinhos. Cupcakeria. 5. Com arranjo de flores. Sweet Carolina. 8. De chocolate com laço dourado. Luciana Tabet. 9. De chocolate com bolinhas douradas. Luciana Tablet. 10. Decorado com alianças Cupcakeria. 11. Decorado com buquê. Wonder Cakes. 12. Com marshmallow e flores douradas. S.O.S. Cupcakes.

1
2
3
4
5
6
7
8
9
10
11
12

1
2
3
4
5
6
7
8
9
10
11
12
13
14
15

1. Doce de maçã com amêndoas. Danielle Andrade. 2. Copinho de chocolate branco com chocolate ao leite e physalis. Nika Linden. 3. Romeu e Julieta com coraçãozinho de goiaba. Danielle Andrade. 4. Cestinha de nozes. Danielle Andrade. 5. Doce com amêndoas e lascas de melão. Louzieh Doces Finos. 6. Ouriço de laranja. Louzieh Doces Finos.

Fotos Manoel Carvalho e Mônica Antunes

1. Bolo de pasta americana. La Passione. 2. Tubinho ao leite com crispies. Nika Linden. 3. Corações em filigranas ao leite. Peppermint Place. 4. Ao leite com noivinhos. Peppermint Place. 5. Bolachinha de glacê e chocolate. La Passione. 6. Ao leite. Petite Fleur Patisserie. 7. De chocolate branco com amêndoas. La Passione. 8. Ao leite. La Passione. 9. Copinho ao leite com avelã. Peppermint Place. 10. Gotas de chocolate branco e ao leite. Nika Linden. 11. Ao leite com glacê. Peppermint Place. 12. Cone de chocolate ao leite com glacê. La Passione. 13. Ao leite com noivinhos. Peppermint Place. 14. Ao leite com noivinhos. Peppermint Place. 15. Branco com desenhos. Fe Chocolats.

1
3
4
5
6
7
8
10
11
12

Foto Manoel Carvalho

1. De chocolate belga com coração em pasta americana. Tais Fernandes. 2. De chocolate e coco com crispies. Vila Chocolat.3. Com moeda de noivinhos. Nika Linden. 4. De chocolate tradicional. Tais Fernandes.5. De chocolate belga com flor em pasta americana. Tais Fernandes. 6. De chocolate tradicional e pasta americana. Tais Fernandes. 7. De chocolate tradicional. Tais Fernandes.8. De chocolate tradicional. Fe Chocolats. 9. De chocolate belga com flor em pasta americana. Tais Fernandes.10. Com rapas de chocolate tradicional. La Passione. 11. De chocolate branco. Sucrier Sucre & Chocolat.12. De chocolate tradicional. Tais Fernandes.

1
2
3
4
5
6

Inspire-se nestes cupcakes decorados com motivo de noivo e noiva. São sucesso garantido!

Fotos Rodrigo Novelli e Shutterstock

1. Tradicional. Atelier Fabiola e Liana. 2. De nozes e trufa de champanhe. Cupcake & Co. 3. Tradicional. Marieta Doces. 4. Com pasta americana. Cake 'n Cup. 5. Com laço branco. Conceição Bem Casados. 6. De nozes e trufa de champanhe. Cupcake & Co.

1. De uva. Fernanda Gabriel. 2. De damasco e amêndoa. Fernanda Gabriel.
3. Brownie de chocolate branco. Adocica. 4. Brownie de chocolate branco. Adocica.

Fotos Rodrigo Novelli

1. Bolacha. Bia Canato. 2. Bolacha. Bia Canato. 3. Macarons. Nina Veloso.

1
2
3

Doces sabores

Com texturas inegualáveis, os doces a seguir têm acabamento gourmet e prometem imprimir diferencial e elegância para a sua festa

Copinhos de chocolate com rosas de coco

Criação e execução: Camila Ronco Machado (para Dolce Di Giorgio)

INGREDIENTES

Base:

- Copinhos de chocolate nobre*

Recheio de brigadeiro de coco:

- 1 lata de leite condensado
- 100 g de creme de leite (sem soro)
- 100 g de coco ralado hidratado ou natural

Decoração:

- 300 g de coco em fita sem borda
- 500 ml de água
- 500 g de açúcar refinado

* os copinhos de chocolate nobre podem ser de chocolate branco, ao leite ou meio amargo e podem ser encontrados em casas de produtos para confeitaria.

MODO DE PREPARO

Recheio:

1. Em uma panela, leve todos os ingredientes ao fogo baixo. 2. Com uma colher, mexa a mistura sem parar até que ela desgrude da panela. Deixe-a esfriar.

Decoração e montagem:

1. Leve o açúcar e a água ao fogo baixo. Mexa sem parar até a mistura ferver e tornar-se uma calda transparente. 2. Quando a calda ferver, mergulhe as fitas de coco e deixe-as até obter o ponto de fio. Para saber se a calda está em ponto de fio, coloque um pouco de calda em um prato e espere-a esfriar um pouco. Depois, com as pontas dos dedos, aperte-a e puxe-a. Deverá se formar um fio que não se desmancha. 3. Com uma escumadeira, retire fita por fita e coloque sobre um prato para esfriar. 4. Com cada fita, forme rolinhos em formato de flor e encaixe-os até formar uma flor encorpada. Dica: caso a calda engrosse, pingue água quente para amolecê-la e continue o processo. 5. Coloque o recheio de brigadeiro dentro dos copinhos de chocolate nobre. 6. Quando as flores estiverem secas, coloque-as sobre o copinho.

Cupcake de nozes

Criação e execução: Carol Amato (para Doces e Sonhos)

INGREDIENTES

Massa:

- 4 ovos
- 200 g de margarina sem sal
- 2 xícaras (de chá) de açúcar
- 2 ½ xícaras (de chá) de farinha de trigo
- 1 vidro de leite de coco
- 100 g de coco ralado
- 100 g de nozes moídas
- 1 colher (de sopa) de fermento em pó

Recheio de doce de leite com nozes:

- 2 latas de leite condensado
- 1 lata de creme de leite (sem soro)
- 1/4 de copo de leite
- 100 g de nozes moídas

Cobertura de leite em pó:

- 100 g de manteiga sem sal
- 1/2 lata de leite condensado
- 6 colheres (de sopa) de leite em pó
- 1 colher (de chá) de emulsificante
- 1/2 caixinha de creme de leite (sem soro)

Decoração:

- Pasta americana
- Corante em gel
- Formas de silicone com formato de flor
- Saco de confeiteiro com bico pitanga

MODO DE PREPARO

Massa:

1. Na batedeira, bata as claras até atingir o ponto de neve e reserve-as. 2. Separadamente, bata as gemas com o açúcar e a manteiga até obter um creme homogêneo. 3. Ainda na batedeira, acrescente, aos poucos, os demais ingredientes à mistura. 4. Desligue a batedeira, adicione o fermento em pó e as claras em neve e, com a ajuda de uma colher, misture-os delicadamente. 5. Posicione as forminhas de papel sobre os espaços da forma apropriada para cupcakes. 6. Despeje a massa até a metade de cada forminha. 7. Leve para assar em forno preaquecido em temperatura média (180 °C) por cerca de 25 minutos. Faça o teste do palito.

Recheio de doce de leite com nozes:

1. Coloque as latas de leite condensado fechadas na panela de pressão com água. 2. Quando a panela começar a soltar pressão, marque 20 minutos antes de desligá-la. 3. Retire a pressão. 4. Em uma panela, misture o leite condensado cozido, o leite, as nozes e o creme de leite. Leve o preparo ao fogo baixo, mexendo sempre, até que tudo se misture completamente. 5. Espere esfriar antes de recheá-lo

Cobertura de leite em pó:

1. Na batedeira, bata a manteiga com o leite condensado até obter uma mistura homogênea.

2. Adicione o leite em pó e bata novamente.

3. Acrescente o creme de leite à mistura.

4. Coloque o emulsificante e bata tudo até a mistura crescer um pouco.

Montagem e decoração:

1. Retire os cupcakes do forno. Espere-os esfriar e desenforme-os junto às forminhas de papel. 2. Com uma faca pequena, faça uma pequena abertura no centro de cada bolinho, a fim de retirar um pedaço de massa com formato de cone. 3. Com uma colher ou um saco de confeitar, recheie o cupcake com o doce de leite com nozes. 4. Com um saco de confeiteiro com bico pitanga, cubra o cupcake com a cobertura de leite em pó em movimentos circulares. 5. Para tingir a pasta americana, adicione o corante em gel da cor de sua preferência. Siga as instruções de uso da embalagem do corante e manipule a pasta até a mistura ficar homogênea. 6. Faça bolinhas com a pasta e pressione-as bem sobre as formas de silicone com formato de flor. 7. Retire as flores das formas e posicione-as sobre a cobertura como desejar.

Macarons

Criação e execução: Moneh Almeida (para Doce Moneh)

INGREDIENTES

Massa:

- 125 g de açúcar impalpável
- 125 g de farinha de amêndoa
- 1 pitada de sal
- 150 g de açúcar refinado
- 100 g de clara
- 20 g de cacau em pó
- Corante em gel a gosto
- Papel-manteiga para forrar uma assadeira
- Saco de confeitar com bico perlê pequeno

Recheio de brigadeiro de limão-siciliano:

- 50 g de chocolate branco em barra
- 395 g de leite condensado
- 15 g de manteiga sem sal
- Raspas das cascas de 2 limões-sicilianos

MODO DE PREPARO

Massa:

1. Passe o açúcar impalpável, a farinha de amêndoa e o sal pelo processador. Peneire-os e reserve-os. 2. Misture o açúcar refinado com a clara em uma panela e leve o preparo ao fogo baixo, mexendo sempre, até a mistura ficar morna. Não deixe a mistura ferver. A temperatura máxima atingida deve ser de 65 °C. 3. Retire o conteúdo do fogo e transfira-o da panela para a batedeira. Bata em velocidade alta até a mistura esfriar, formando uma espécie de merengue. 4. Retire o merengue da batedeira e incorpore-o à mistura peneirada, mexendo delicadamente com uma espátula de silicone até obter uma massa homogênea. 5. Peneire o cacau e acrescente-o à massa quando estiver pronta. 6. Misture bem com uma colher ou uma espátula de silicone. Além de o cacau em pó saborizar, confere cor à massa, sem necessidade do uso de corantes. 7. Depois que a massa estiver pronta e saborizada, acrescente corante em gel até atingir a cor desejada. Misture cuidadosamente com uma colher. Dica: é possível utilizar a massa natural ou tingi-la. O corante em gel pode amolecer ligeiramente a massa. Portanto, se optar pelo produto, coloque pouca quantidade. 8. Preaqueça o forno em temperatura baixa (150 °C). 9. Forre uma assadeira com papel-manteiga. 10. Coloque a massa (natural, saborizada ou tingida) no saco de confeitar com bico perlê pequeno ou grande (depende do tamanho desejado). 11. Sobre o papel-manteiga, aperte o bico de confeitar até obter um círculo do tamanho desejado e gire-o rapidamente para não formar picos (mantenha uma distância de 5 cm entre os macarons). Faça vários círculos enfileirados, todos do mesmo tamanho (3 a 5 cm de diâmetro). 12. Leve-os ao forno preaquecido por 10 minutos. 13. Diminua a temperatura do forno para 130 °C e deixe-os por mais 10 minutos ou até que a massa esteja assada. 14. Retire do forno e deixe-os esfriar. 15. Com uma espátula, retire os macarons da assadeira e recheie-os.

Recheio de brigadeiro de limão-siciliano:

1. Raspe o chocolate branco com um ralador manual. 2. Em uma panela, misture o leite condensado, as raspas de chocolate branco e a manteiga. 3. Leve a mistura ao fogo brando e, sem parar de mexer, deixe-a cozinhar até que a mistura desprenda do fundo da panela. 4. Desligue o fogo, acrescente as rapas de limão--siciliano e misture bem para liberar o óleo essencial da casca, que vai aromatizar o brigadeiro. 5. Deixe o brigadeiro esfriar para rechear os macarons.

Montagem:

1. Coloque o brigadeiro no saco de confeitar com bico perlê e aplique-o no centro do macaron assado. 2. Coloque outro macaron por cima, como se fosse um biscoito recheado.

Meu 15 Anos

Cupcakes de chocolate

Criação e execução: Moneh Almeida, da Doce Moneh (cupcake decorado com pasta americana) e Priscila Novais, da Bela Paixão (cupcake com cobertura de brigadeiro branco)

INGREDIENTES

Massa:

- 1 e 1/4 de xícara (de chá) de farinha de trigo
- 1/2 xícara (de chá) de cacau em pó
- 3/4 de colher (de chá) de bicarbonato de sódio
- 1/4 de colher (de chá) de sal
- 1 xícara (de chá) de açúcar granulado
- 1/3 de xícara (de chá) de óleo
- 1 ovo
- 1 colher (de chá) de essência de baunilha
- 3/4 de xícara (de chá) de buttermilk*

Recheio:

- Doce de leite a gosto

Cobertura de brigadeiro branco:

- 1 lata de leite condensado
- 1 lata ou caixa de creme de leite (sem soro)
- 200 g de chocolate branco
- 1 colher (de sopa) de glicose de milho

Montagem e decoração:

- Pasta americana
- Corante em gel das cores de sua preferência
- Renda Flex, da Arcolor
- Bico grande para confeitar pitanga aberto nº 1M, da Wilton
- Massa de flores, da Arcolor
- Cola CMC

MODO DE PREPARO

* Buttermilk:

1. Adicione 1 colher (de sopa) de vinagre em uma xícara (de chá) de leite. Misture e deixe-o descansar por 10 minutos.

Massa e recheio:

1. Peneire a farinha, o chocolate, o bicarbonato e o sal em uma vasilha. Reserve a mistura. 2. Na batedeira, bata o açúcar, o óleo, o ovo e a essência até obter uma mistura homogênea. 3. De forma alternada, adicione a mistura dos pós e o buttermilk à vasilha da batedeira. Bata tudo até obter uma mistura homogênea. 4. Despeje a massa em forminhas, enchendo no máximo 3/4 delas. Asse os cupcakes em forno preaquecido em temperatura média (180 °C) por cerca de 22 minutos. Faça o teste do palito. 5. Quando os bolinhos saírem do forno, aguarde esfriarem e recheie-os com doce de leite. Para tanto, faça uma pequena abertura no centro de cada um com uma faca e preencha-os com o auxílio de uma colher ou bico de confeiteiro.

Cobertura de brigadeiro branco:

1. Junte todos os ingredientes em uma panela e leve-a ao fogo baixo. 2. Mexa sem parar por cerca de 15 minutos ou até o brigadeiro alcançar o ponto ideal para colher.

Montagem e decoração:

1. Para decorar os cupcakes com brigadeiro branco, utilize o bico grande para confeitar nº 1, da Wilton. Com a mão firme, faça movimentos em espiral para cobrir o cupcake e formar uma rosa. 2. Se preferir decorar os doces com pasta americana, tinja a pasta com o corante em gel da cor desejada, de acordo com as instruções da embalagem. 3. Com um rolo, abra a pasta sobre uma superfície de mármore. 4. Com um cortador circular, corte a pasta para cobrir cada cupcake. 5. Para preparar a renda de açúcar, utilize a mistura em pó Renda Flex seguindo as instruções de uso da embalagem. Quando finalizar, distribua as rendas de açúcar sobre cada cupcake. 6. Para fazer as minirrosas de açúcar, utilize a massa para flores. É possível modelá-las à mão ou, então, utilizar moldes próprios para confeitaria. 7. Com a cola CMC e de acordo com as instruções de embalagem, fixe os elementos sobre cada cupcake.

Cachepô de mousse que derrete

Criação e execução: Maria do Carmo (para Madoca's Cake)

INGREDIENTES

Base:

- Copinhos de chocolate ao leite

Recheio de mousse de chocolate:

- 250 g de chocolate ao leite
- 250 g de gia*
- 250 g de creme de leite (sem soro) Gia é um tipo de chocolate com sabor de avelã que pode ser encontrado em lojas próprias para confeitaria

MODO DE PREPARO

Recheio de mousse de chocolate:

1. Derreta o chocolate ao leite e a gia em banho-maria, acrescente o creme de leite e mexa bem. 2. Deixe o recheio descansar por 6 a 8 horas. 3. Depois, bata o recheio por 3 a 4 minutos na batedeira para aerar.

Montagem e decoração:

1. Com um saco de confeiteiro com bico pitanga fechada, preencha os copinhos de chocolate com a mousse.

Brigadeiro de churros

Criação e execução: Marcelina Oliveira (para Sweet Lillo)

INGREDIENTES

Massa:

- 1 lata de leite condensado
- 100 ml de creme de leite sem soro
- 10 g de manteiga sem sal
- 1 rama de canela

Decoração

- Doce de leite (o suficiente) para decorar
- Açúcar e canela em pó a gosto
- Saco de confeitar e bico pitanga nº 21

MODO DE PREPARO

1. Em uma panela, misture todos os ingredientes e leve a fogo baixo. 2. Mexa sem parar até que a massa desgrude do fundo da panela e alcance o ponto ideal para ser enrolada. 3. Deixe o brigadeiro esfriar em temperatura ambiente. 4. Modele as bolinhas e passe-as em uma mistura de açúcar com canela para confeitar. 5. Com um saco de confeitar e bico pitanga nº 21, confeite cada brigadeiro com doce de leite.

Brigadeiro gourmet meio amargo com formato de rosa

Criação e execução: Marcelina Oliveira (para Sweet Lillo Doces Finos)

INGREDIENTES

- 1 lata de leite condensado
- 1 lata ou caixa de creme de leite (sem soro)
- 200 g de chocolate meio amargo
- 1 colher (de sopa) de glucose de milho
- Bicos para confeiteiro pétala nº 104 ou nº 103, da Wilton

MODO DE PREPARO

1. Junte todos os ingredientes em uma panela e leve-a ao fogo baixo, mexendo sem parar por 15 a 25 minutos ou até o brigadeiro começar a desgrudar da panela. 2. Para modelar o brigadeiro, utilize os bicos para confeiteiro pétala nº 104 ou nº 103. Trabalhe formando pétala a pétala, de forma circular. Deixe o "miolo" da rosa com um pouco mais de recheio.

Receita de massa básica branca

INGREDIENTES

- 1 lata de leite condensado
- 1 lata de creme de leite sem soro
- 3 colheres (de sopa) de leite em pó
- 1 colher (de sopa) de manteiga

MODO DE PREPARO

1. Em uma panela, coloque todos os ingredientes, deixando o creme de leite por último. Leve a mistura ao fogo médio. 2. Mexa-a sem parar até que a mistura comece a se desprender da panela e chegue ao ponto do brigadeiro.

Brigadeiro de bicho-de-pé

INGREDIENTES

- 1 receita de massa branca
- 40 g de essência de morango
- Açúcar cristal de cor rosa

MODO DE PREPARO:

1. Adicione a essência de morango à massa branca na hora de cozinhar. 2. Quando a massa alcançar o ponto e desprender-se da panela, espere-a esfriar e modele-a em forma de bolinhas. 3. Para decorar, passe as bolinhas no açúcar cristal de cor rosa.

Brigadeiro de champanhe

INGREDIENTES

- 1 receita de massa branca
- 30 g de massa de champagne Calebaut ou 2 colheres (de sopa) de essência de champanhe
- Confeitos de bolinha de cor branca
- Minirrosa de pasta americana

MODO DE PREPARO:

1. Adicione a massa Calebaut ou a essência de champanhe à massa branca e leve-a ao fogo médio. 2. Quando a massa começar a desprender da panela, retire-a do fogo, espere-a esfriar e modele-a em forma de bolinhas. 3. Para decorar, passe as bolinhas pelos confeitos. Arremate com a minirrosa de pasta americana.

Brigadeiro branco

INGREDIENTES:

- 1 receita de massa branca
- Raspinhas de chocolate branco

MODO DE PREPARO:

1. Siga as instruções para preparar a massa branca. 2. Depois de modelar as bolinhas, passe-as pelas raspinhas de chocolate.

Criação e execução: Sweet Carolina – "The Art of Cake"

onde encontrar

ADOCICA
Tel.: (11) 4253-3767;
www.adocicadoce.com

ALESSANDRA TONISI
www.alessandratonisi.com.br

ANA ABELHA
www.anaabelha.com.br

AVA DOLCI
Tel.: (11) 3081-4882

BIA CANATO
Tel.: (11) 3675-0640;
beatrizcanato@uol.com.br

BRIGADEIROS BY COUSIN'S
Tel.: (11) 3862-5391;
www.brigadeirosbycousins.com.br

CÉLIA BEM-CASADOS
Tel.: (11) 5511-6673;
contato@celiabemcasados.com.br

CHE PECCATO
www.chepeccato.com.br

CHIANTI CHOCOMMELIER
Tel.: (11) 2338-4000;
www.chiantichocommelier.com.br

CIRANDARIA
www.cirandaria.com.br

CONCEIÇÃO BEM-CASADOS
Tel.: (11) 5053-5757;
www.conceicaobemcasados.com.br

DANIELLE ANDRADE
www.danielleandrade.com.br

DELART DOCES
Tel.: (11) 2501-0214 / (11) 98962-3625;
www.delartdocesfinos.com.br

DOCES DA CLO
Tel.: (11) 3868-3372;
contato@docesdaclo.com.br

DOCE MARIA
Tel.: (11) 9 8456-0584

DOLCE DI GIORGIO
Tel.: (11) 96375-6423;
www.dolcedigiorgio.com.br

DONA FORMIGA
Tel.: (11) 2574-8491;
www.ateliedonaformiga.com.br

DONNA LUSIPA
Tel.: (11) 4351-5144 /
(11) 95559-6846;
www.donnalusipabemcasados.com

DRICA CAKE
Tel.:(11) 2564 4640;
www.dricamoraescakedesigner.blogspot.com.br

FABÍOLA E LIANA
Tel.:(11) 3865-8258

FERNANDA GABRIEL CAKE DESIGNER
www.fernandagabriel.com.br

FIFI DOCES
www.fifidoces.com.br

FINA NATA
Tel.: (11) 3061-1605;
www.finanata.com.br

GIOVANNA MELILLI
Tel.: (11) 98181-3628;
giovannamelilli@uol.com.br

GIULIANA PIMENTA
Tel.: (11) 2667-4287;
contato@giulianapimenta.com.br

GLEISA DOCES
Tel.: (11) 3213-0334;
www.geisadoces.com.br

HOMEMADE CAKES
Tel.: (11) 3969-2023;
www.homemadecakes.com.br

ITA BEM CASADOS
www.itabemcasados.com.br

KYKAH
Tel.: (11) 4238-0113;
www.kykah.com.br

LA VIE EN DOUCE
Tel.: (11) 3088-7172;
www.lvddoces.com.br

LAMPONI
Tel.: (11) 3120-6916
www.lamponi.com.br

LE DÉLICE
www.ledelice.com.br

LILY GIFT
Tels.: (11) 4402-2989 / (11) 99426-7923;
www.lilygift.com

LUCIANA TABET CAKE DESIGNER E CHOCOLATIER
www.lucianatabet.com

MARIETA CARDOSO
www.marietacardoso.com.br

MÉLIE ARTISAN DE DOUCES
Telefone: (11) 2628-2898;
www.meliedouce.com.br

NIKA LINDEN
Tel.: (11) 2614-5526;
www.nikalinden.com.br

NINA VELOSO
Tel.: (11) 3032-6453;
www.ninaveloso.com.br

NININHA SIGNIST
(11) 3726-2000;
www.nininhasigrist.com.br

O BROWNIE
Tel.: (11) 2594-8628;
contato@obrownie.com.br

OFICINA DO AÇUCAR
www.oficinadoacucar.com.br

ÓPERA GANACHE
www.operaganache.com.br

PEPPERMINT PLACE
Tel.: (11) 3082-5471;
www.peppermintplace.com.br

S.O.S. CUPCAKES
(11) 3578-1001;
www.soscupcakes.com.br

SERENDIPIA BAKERY
www.renatamacena.com.br

STUDIO CAKE
Tel.: (11) 3865-8258;
www.studiocake.com.br

STUDIO CAMILA GOLIN
Tel.: (11) 2076-1035;
info@camilagolin.com.br

SUCRÉ ET SALÉ
Tel.: (11) 3507-4973;
www.sucresale.com.br

SUCRIER
Tel.: (11) 2892-0929;
www.sucrier.com.br

SWEET CAROLINA
Tel.: (11) 4324-9326;
atendimento@sweetcarolina.com.br

TAÍS FERNANDES
Tel.: (11) 4323-7887;
www.taisfernandes.com.br

VILA CHOCOLAT
Tel.: (11) 3596-2515;
www.vilachocolat.com.br

WONDERCAKES
Tel.: (11) 3368-5784;
www.wondercakes.com.br